QUELS SONT LES MOYENS DE FONDER LA MORALE CHEZ UN PEUPLE?

Par le Cit. Destutt Tracy.

A PARIS,

Chez H. Agasse, Imprimeur-Libraire, rue des Poitevins, N°. 18.

An VI de la Republique Française.

QUELS SONT LES MOYENS
DE FONDER LA MORALE
CHEZ UN PEUPLE?

L'INSTITUT National avait d'abord proposé la solution de cette grande question pour le sujet d'un prix; mais par des explications subséquentes, il a réduit les concurrens à ne s'occuper que de cérémonies publiques. J'ignore quels motifs ont pu déterminer cette savante compagnie à rapetisser à ce point un si beau sujet. Pour moi, quoique je ne me propose de le traiter que très-sommairement, je l'embrasserai dans toute son étendue, craignant de me tromper prodigieusement sur l'importance d'une de ses parties, si je la détachais de l'ensemble. Je n'écris que pour fixer mes idées, et je veux qu'elles soient toujours coordonnées entre elles.

CHAPITRE Ier. *De la punition des crimes.*

Le premier pas à faire en morale est sans doute d'empêcher les grands crimes; et le moyen le plus efficace est de les punir. L'important n'est pas que les peines soient très-rigoureuses, mais qu'elles soient inévitables. Le plus utile principe de morale que l'on puisse graver dans la tête des êtres sensibles, c'est que tout crime est une cause certaine de souffrance pour celui qui le commet. Si l'organisation sociale téait d'une perfection telle que cette maxime fût d'une vérité qui ne souffrît jamais d'exception, par cela seul les plus grands maux de l'humanité seraient anéantis. Les vrais soutiens de la société, les solides appuis de la morale sont donc les suppôts et les exécuteurs des lois. Ce sont ceux chargés d'arrêter les coupables, de les garder, de constater leurs délits, de prononcer la peine qui doit les suivre. Je me permettrai quelques réflexions sur chacun d'eux.

Arrêter les malfaiteurs est une fonction estimable parce qu'elle est utile, mais elle n'a rien de brillant. On ne peut s'y dévouer par enthousiasme; il faut qu'elle procure un état avantageux, elle expose à la plus dangereuse des haines, celle des méchans cachés; il faut que cet état soit solide, et que la malignité ne puisse pas le faire perdre aisément. Elle est pénible, elle est périlleuse; il faut qu'on trouve son intérêt à la bien remplir, et que le gendarme soit récompensé à proportion de ses captures. Mais cette situation d'être toujours occupé à nuire à des hommes bien que coupables, et de fonder son profit sur leur malheur, ne peut manquer à la longue d'émousser la sensibilité, la pitié, ces deux précieux sentimens de l'homme, source de tous ses bons mouvemens, et qui sont pour ainsi dire l'instinct de la vertu. La moralité du gendarme est donc plus exposée à se corrompre que celle de bien d'autres citoyens; il faut qu'il soit contenu par la dépendance de ses supérieurs, et soutenu par leur estime; il faut qu'il ait long-tems les mêmes pour en être connu, et avoir le besoin d'en être connu avantageusement; il faut enfin que ce grand corps, la gendarmerie nationale, ait une organisation constante, un ordre d'avancement invariable, et qu'il soit dans la main d'un seul chef permanent, qui attache sa fortune et sa gloire à la perfection de son service.

Ces dernieres vérités sont communes à tout grand systême d'administration quelconque ; et je pense qu'on doit les prendre pour regle inviolable toutes les fois qu'une forte crainte de l'abus du pouvoir et une juste inquiétude pour la liberté publique, ne contraignent pas impérieusement à s'en écarter. Alors sans doute il faut sacrifier une partie du bien-être présent au soin de l'avenir. Mais il restera toujours vrai que jamais un service public ne sera aussi bien fait lorsqu'il sera dirigé par une collection d'hommes nommés pour un terme court, que quand il dépendra d'un chef unique et permanent qui en fera son affaire personnelle ; et il est encore plus certain que dans tout établissement public le passage d'une maniere d'être à une autre, même meilleure, est toujours un moment de crise où on éprouve tous les maux des deux régimes, et que si l'incertitude des individus sur leur sort se prolonge, il en résulte des désordres qui deviennent irremédiables, si ce n'est par le tems ; preuve, qu'en fait d'amélioration on aurait plutôt fini en allant plus doucement.

Quant aux gardiens des *maisons de détention*, je n'ai qu'une chose à en dire : c'est qu'il faut être inflexible à leur égard, si leurs prisonniers leur échappent. Je pense qu'ils devraient faire partie du corps de la gendarmerie, et être soumis aux mêmes chefs. Arrêter et garder sont deux services du même genre. Ils doivent être régis d'après le même principe, savoir ; que le plus grand intérêt de la société est que nul malfaiteur ne puisse ni échapper, ni s'évader.

A l'égard des jurés, c'est sans doute une belle institution, en ce que ce sont des hommes indépendans et indifférens pour l'accusé. Par conséquent, ni la prévention, ni l'autorité ne peuvent les pousser à l'injustice ; et la premiere chose est sans doute que ceux chargés de punir les crimes n'en commettent pas eux-mêmes dans l'exercice de leur fonction. Mais ce n'est pas tout ; il faut encore qu'ils veuillent remplir cette fonction suivant l'intérêt général de la société. Or, dans les tems de troubles, emportés ou dominés par une faction, ils agissent souvent en hommes de parti ; et dans les tems calmes, l'excès de leurs scrupules et de leur commisération allant jusqu'à la faiblesse, ils se conduisent fréquemment en particuliers sensibles. Dans l'un et l'autre cas, il n'est pas rare qu'ils manquent de cette impassibilité, la premiere qualité des hommes publics. C'est donc plus sous le rapport de la liberté que sous celui qui m'occupe actuellement que j'admire cet usage. Toujours est-il certain que, comme tous les autres, dans les premiers moments de son établissement il a presque tous les inconvéniens dont il est susceptible, et presqu'aucuns des avantages qui lui sont propres. Ce qui au reste ne veut pas dire qu'il faille le détruire ; mais en cas de besoin, signifierait qu'il faut le maintenir pour n'avoir pas à l'établir une autre fois.

Quand il y a des jurés, les juges au criminel sont bien moins importans. Cependant je crois utile qu'ils soient, autant que possible, indépendans et des gouvernans et des justiciables Je les voudrais donc bien payés, nommés à long terme et ambulans. Mais les accusateurs publics ne sauraient être trop actifs. Ils doivent tout tenir du gouvernement, et être destituables par lui pour simple négligence.

Si des exécuteurs des lois nous passons aux lois elles-mêmes, je répéterai que je ne demande pas que les peines soient séveres, mais qu'elles soient bien graduées et proportionnelles, non pas seulement à l'énormité du crime, mais à la tentation de le commettre.

C'est pour la forme de la procédure que le législateur doit réserver toute sa sévérité. Elle doit sans doute donner toute facilité à la juste défense de l'accusé ; mais elle doit sur-tout ne laisser perdre aucun moyen de conviction. Et à ce propos, je dois rappeller une maxime qui s'applique plus ou moins à tout ce que je viens de dire, et dont, suivant moi, on a étrangement abusé. C'est celle-ci : *il vaut mieux laisser échapper cent coupables que de condamner un innocent.* Sans doute il n'y a pas de crime plus atroce que celui d'opprimer sciemment un innocent avec l'appareil de la justice : et de tous les forfaits le plus abominable, et le plus capable d'en faire commettre un grand nombre d'autres, est l'assassinat juridique. Dans ce sens, la maxime est de toute vérité, sans la moindre restriction. Sans doute encore c'est un malheur horrible qu'une condamnation injuste prononcée par erreur. L'humanité toute entiere doit en gémir ; mais elle n'a pas à en redouter les conséquences pour la morale publique et privée. Au contraire, car une erreur reconnue préserve de dix autres, et ne se fait pardonner que par une conduite irréprochable. Et si par une crainte exagérée de cette calamité affreuse assurément, mais toujours rare, parce que tous les intérêts se réunissent pour la prévenir ; si, dis-je, par cette crainte on va jusqu'à soutenir qu'il faut que les formes soient tellement favorables à l'accusé, que beaucoup de coupables puissent se sauver de peur qu'un innocent ne puisse succomber, je dis que par humanité on pose de tous les principes le plus cruel. Si l'on pense un moment avec moi à tous les crimes qu'engendre cette espérance d'impunité, et à toutes les victimes innocentes de ces crimes, on verra que l'humanité même conduit à un résultat diamétralement contraire.

On pourrait faire des volumes sur chacun des sujets que je viens de parcourir ; mais je ne veux qu'indiquer des vues. Si elles sont justes, quiconque en mettra quelques-unes à exécution aura contribué puissamment à fonder la saine morale dans sa patrie. Tout est dans ce principe par où j'ai commencé, que ce que l'on peut faire de plus efficace pour parvenir à ce but est de rendre aussi inévitable que possible la punition des crimes. Passons à des objets d'une moindre importance.

CHAP. II. *De la repression des délits moins graves.*

Après la punition des crimes, rien n'est si intéressant que la repression de la friponnerie de toute espece. Ce chapitre qui ne peut tenir que peu de place ici, doit en occuper une grande dans la tête de l'homme d'État. Il ne peut malheureusement pas punir directement tout ce qui est blâmable ; mais il peut avec art disposer les choses de maniere que tout mauvais déportement devienne matériellement préjudiciable à son auteur, sans compter la punition de l'opinion publique qu'il ne pourra éviter si les institutions ont donné une bonne direction à cette opinion.

La bonté de l'organisation des tribunaux civils, la simplicité et la célérité de la procédure, la sévérité des mesures contre les banqueroutiers frauduleux, la condamnation aux dépens contre les plaideurs de mauvaise foi, le soin d'exclure de toute place utile à la nomination du gouvernement les hommes jouissant d'une mauvaise réputation, contribueront puissamment à remplir ce but. L'attention de n'employer, autant que cela se peut, les hommes que dans la province qui les a vu naître, et dans la carriere à laquelle ils se sont d'abord destinés, est encore un moyen énergique pour qu'étant toujours sous les yeux de ceux qui les connaissent, ils ne puissent manquer de recueillir le fruit de leur conduite passée. On ne peut assez penser combien sont dangereux les hommes dépaysés.

Je sens que ce serait là le lieu de parler de la police, ce pouvoir le plus difficile de tous à organiser, parce que de tous il est le plus exposé à devenir impuissant ou oppressif. Mais l'objet de mon ouvrage étant de montrer quelles sont les impressions les plus influentes sur les hommes, plutôt que de développer les moyens de produire ces impressions, je ne puis à cet égard présenter que quelques apperçus. Je me bornerai donc à dire de la police que les regles qu'elle prescrit ne doivent jamais être minutieuses, mais que les amis de la liberté doivent se garder de prendre trop facilement ombrage de son activité. Pourvu qu'elle soit astreinte à remettre promptement aux tribunaux ceux qu'elle arrête, elle ne peut être dangereuse, sur-tout si les autorités suprêmes de l'État sont bien constituées. Avec ces sauvegardes, on peut sans inconvénient lui laisser beaucoup de latitude pour arrêter. En tout fidele à mes principes, je l'aime mieux un peu incommode que paralysée; car la seconde bâse de la morale est certainement de rendre aussi difficile qu'il est possible le succès de la friponnerie.

CHAP. III. *Des occasions de nuire à autrui.*

Si nul crime ne pouvait rester impuni, et nulle friponnerie ne pouvait réussir, on a peine à concevoir ce qui resterait à faire pour porter les hommes au bien, et opérer le bonheur d'une société. Mais malheureusement toute action blâmable n'est pas saisissable par la loi, et parmi celles-mêmes qu'elle peut condamner expressément, un grand nombre échappera toujours à sa juste vengeance. Les lois de la société sont l'ouvrage des hommes. Elles ne peuvent manquer de se ressentir de la faiblesse et de l'imperfection de leurs auteurs. Elles ne peuvent avoir, comme celles de la nature, cette certitude et cette continuité d'action, cette plénitude de puissance qui fait que nous ne pouvons jamais échapper à leur empire, et qu'elles nous atteignent dans les moindres détails de notre existence. Jamais l'effet des lois humaines ne saurait être aussi certain, aussi complet que celui des lois de la mécanique; car celles-ci sont l'expression de la nécessité elle même, et les premieres ne sont que des conventions.

Cette observation n'a échappé à aucuns de ceux qui ont médité sur le bonheur de leurs semblables. Vivement frappés de l'insuffisance des moyens de répression, ils ont tâché d'enlever aux hommes jusqu'à la possibilité de se nuire réciproquement. Ils ont cherché à extirper la racine même de tout mal moral. Ils ont cru la trouver dans la propriété. En effet, disaient-ils, quelle injustice serait possible, si rien n'appartenait en propre à personne ? Et tous les anciens législateurs, ou philosophes, se sont efforcés de fonder la société sur la communauté absolue de tous les biens ; ou, s'ils n'ont pas entrepris de l'exécuter, ils ont cru qu'en théorie c'était là le point de perfection, et beaucoup de modernes les ont imités dans cette erreur. Ils ne se sont pas apperçus que pour que cette communauté eût son entier effet, il faudrait que chaque homme pût faire abnégation totale de son propre individu, pour l'apporter tout entier, et sans restriction, à la masse commune ; car s'il conserve seulement la propriété de sa pensée et de ses bras, il s'ensuit qu'il a celle du travail de ses mains ; et par une conséquence nécessaire, que le gibier qu'il a abattu, que l'outil qu'il a façonné, que la moisson qu'il a semée, en un mot que tous les produits de ce travail ne peuvent appartenir qu'à lui. Enfin, quand l'homme pourrait fouler aux pieds toutes les lois de la nature, jusqu'à renoncer ainsi à toutes leurs conséquences immédiates, il n'en serait pas plus en paix avec ses semblables ; car tous les intérêts individuels renaîtraient lorsqu'il s'agirait de prendre chacun sa part de la masse commune des peines et des jouissances : et ils ne seraient pas moins opposés dans ce partage, qu'ils le sont dans la possession directe et particuliere des biens que nous connaissons. Rousseau du moins a été plus conséquent que les anciens.

Quand il a prononcé que *le tien et le mien* était la cause de tous les crimes, il a décidé sans hésiter que la société était la source de tous les vices ; et il a trouvé la perfection dans un état d'isolement, dont à la vérité on ne saurait concevoir même la possibilité. Mais enfin on ne peut nier qu'il n'y a pas de mal moral là où il n'existe pas de relation morale.

C'est à cette insignifiante vérité que se réduisent tous ces paradoxes qui ont troublé tant de têtes, et ont fait des scélérats par vertu. Au lieu de tout cela, il aurait fallu dire : Toutes les fois qu'il y a deux êtres sentans, il existe deux intérêts distincts qui peuvent devenir opposés. Occupons-nous de les concilier et de les contenir. L'idée de *tien* et *mien* dérive inévitablement de celle de *toi* et *moi* ; nous ne pouvons la détruire. Faisons que *toi* et *moi* ne soient ni oppresseurs, ni opprimés. N'aspirons pas à davantage. Pour qu'une communauté réelle et paisible fût possible, il faudrait qu'un homme pût jouir et pâtir par les organes d'un autre comme par les siens propres. Alors il aimerait réellement ses semblables comme lui même, et le mal moral au moins serait banni de la terre.

C'est-là un dégré de perfection auquel il nous est impossible d'atteindre. Le législateur qui veut que nous aimions notre prochain précisément comme nous-mêmes, et celui qui veut que nous vivions exactement isolés, nous prescrivent deux choses également impossibles, donnent à notre morale deux bâses également fausses. La nature des hommes est telle qu'ils ne peuvent s'approcher sans avoir des intérêts distincts et opposés, et que cependant ils sont forcés de se rapprocher pour pouvoir se secourir, pour pouvoir même exister. Que peuvent-ils donc faire? et que font-ils en effet? Ils se prescrivent des regles communes pour s'empêcher réciproquement d'user des occasions trop fréquentes qu'ils ont de se nuire les uns aux autres. Ces regles sont les lois dont nous avons parlé, celles qui punissent les crimes et répriment les délits. Elles sont les vrais soutiens de la morale. Elles ne peuvent détruire les occasions du mal, mais elles en préviennent les pernicieux effets. Ce sont là les bonnes lois.

Mais le malheur est que dans toutes nos sociétés, commencées avant de connaître les véritables intérêts des hommes, nous avons une foule de lois qui, loin de diminuer les effets des occasions de nuire à la société et à ses membres, en créent de nouvelles.

Toute loi inutile, par exemple, ne remédie à aucun mal, et en crée un nouveau, en fournissant une nouvelle occasion de manquer à son égard, au respect dû à l'autorité publique.

Toute loi impraticable est dans le même cas.

Toutes celles qui créent à des classes du peuple des intérêts opposés à ceux des autres classes, donnent aux citoyens des occasions de se haïr et de s'attaquer.

Toutes les lois qui prohibent des choses innocentes en elles-mêmes, engendrent un nouveau délit. Elles font des contrevenans une nouvelle classe de coupables; et de ceux qui les surveillent, une autre troupe d'êtres vivans du malheur de leurs semblables; deux grands maux qui n'existeraient pas sans elles.

Toute négligence dans l'administration, tout désordre dans les finances de l'État, ouvre la porte à une foule de marchés frauduleux, de combinaisons perfides qui sont autant de nouvelles manieres de nuire au public.

Toute institution qui propage ou favorise une erreur, un préjugé, une superstition, donne des armes à des hommes pour en blesser d'autres.

Toute loi qui veut renverser par la violence la nature éternelle des choses, comme celle qui veut faire que du papier soit de l'or, ouvre une source abondante de nouveaux délits.

L'obscurité seule des lois, leur versatilité, leur manque d'uniformité dans tout le territoire de la même société, fournissent aux hommes des moyens de s'attraper réciproquement.

Par les raisons contraires, toute disposition tendante à fondre tous les intérêts dans l'intérêt général, à rapprocher toutes les opinions de la raison leur centre commun, à rendre leur cours naturel à toutes les choses indifférentes en elles-mêmes, à remettre tous les citoyens sous la direction de la nature tant qu'elle est innocente, à leur restituer l'exercice entier de la liberté individuelle qui n'est pas nuisible; et d'un autre côté, toutes celles qui portent dans l'action du gouvernement, la simplicité, la clarté, la régularité, la constance, tout cela, dis-je, sont des moyens efficaces de diminuer le nombre des occasions de nuire. On peut dire qu'une bonne constitution n'est qu'une collection de mesures habilement combinées, pour que ceux chargés de réprimer le mal n'aient pas l'occasion d'en commettre; et l'on sait tout ce qu'elle peut pour l'amélioration d'un peuple.

Il n'y a donc presque pas un acte administratif,

ou législatif, qui n'ait une influence morale très-importante sous le seul rapport de l'augmentation, ou de la diminution des occasions de délit. Mais il ne faut pas oublier que la perfection à laquelle les hommes peuvent atteindre à cet egard, consiste à ne se fournir aucune occasion nouvelle de se nuire; mais que tout leur art social ne peut aller jusqu'à anéantir une seule de ces malheureuses occasions de délit qui sont inhérentes à leur nature, et par cela même indestructibles. C'est ce qui me fait revenir à dire que les plus puissans de tous les moyens moraux, et auprès desquels les autres sont presque nuls, sont les lois repressives et leur parfaite et entiere exécution.

CHAP. IV. *De la disposition à nuire à la société et à ses membres, ou des inclinations vicieuses.*

Puisque c'est un projet chimérique que celui d'ôter aux hommes toute occasion de se nuire réciproquement, il ne reste d'autre moyen de les en empêcher que de leur en ôter le desir : et puisque l'action des lois répressives ne peut être assez complette, ni leur exécution assez infaillible pour anéantir immédiatement le desir de commettre une action nuisible chaque fois qu'il naît dans l'esprit d'un homme, il faut donc pour combattre le mal moral dans une nation, avoir recours à toutes les manieres indirectes d'influer sur les inclinations de ses membres. Ce sont autant de moyens auxiliaires dont chacun est bien faible, comparé à ceux dont nous avons parlé jusqu'à-présent, mais dont l'ensemble a cependant une grande puissance, et devient un supplément important à l'imperfection des moyens plus énergiques.

C'est ici que notre sujet devient immense, car il n'est rien dans le monde qui n'influe de près ou de loin sur les penchans des hommes. Cependant si, comme cela est démontré, tous les actes de leur volonté ne sont que des conséquences des actes de leur jugement, il s'ensuit que pour conduire l'une il ne s'agit jamais que de diriger l'autre, et que la seule maniere de faire vouloir une chose est de la faire juger préférable. Ainsi, tous ces moyens si divers d'agir en bien ou en mal sur les inclinations des hommes se réduisent en définitif à les endoctriner bien ou mal. Ce vaste système d'éducation encyclopédique se divise naturellement en deux parties très-distinctes, l'éducation des hommes et celle des enfans. Occupons-nous d'abord de la premiere, dont l'autre ne sera jamais qu'une conséquence.

§. Ier. *De l'Éducation morale des Hommes.*

Puisque nous ne pouvons jouir et pâtir qu'en conséquence de nos facultés telles qu'elles sont, puisqu'il est hors de notre puissance de nous faire autres que nous ne sommes, puisque nous ne saurions rien changer à ce qui constitue notre nature et celle de tous les êtres qui nous environnent, puisque toutes les fois que nous méconnaissons cette force majeure, nous n'éprouvons qu'impuissance et défaite, il s'ensuit que notre plus grand intérêt est d'étudier les lois de ce pouvoir invincible, de connaître ce qui *est*, et que la *vérité* est le seul chemin du *bien-être*. Mais comme tout se tient, tout s'enchaîne par une multitude infinie de rapports, comme aucune vérité n'est isolée et étrangere aux autres, nous en devons conclure qu'aucune n'est indifférente pour notre bonheur, qu'aucune n'est réellement inutile, et que toute erreur est nuisible.

C'en est une bien ancienne et bien absurde de croire que les principes de la morale sont comme infus dans nos têtes, et qu'ils sont les mêmes dans toutes ; et, d'après ce rêve, de leur supposer je ne sais quelle origine plus céleste qu'à toutes les autres idées qui existent dans notre entendement. Je m'étonne tous les jours que Voltaire qui nous a fait connaître et goûter Locke, Voltaire qui a combattu et vaincu tant de préjugés métaphysiques, ait continuellement proclamé et propagé celui-là. La religion, dit-il en vingt endroits, est de création humaine ; aussi varie-t-elle suivant les tems et les lieux ; mais la morale est toute divine ; elle est imprimée en nous par la main du Grand-Être : c'est pourquoi ses principes sont les mêmes chez tous les hommes. Et la preuve qu'il donne de cette fausse assertion, c'est que par-tout l'assassinat, le viol ont été mis au rang des crimes, que par-tout on a condamné la violence et la fourberie. J'aimerais autant qu'on dît que la physique est de création divine, et que les hommes n'ont jamais varié sur ses principes ; car tous s'accordent à dire que le feu est chaud, que le soleil est lumineux, et que l'eau est liquide.

Sans doute deux hommes n'ont pu vivre ensemble sans sentir que si l'un d'eux tuait ou blessait l'autre, il détruisait ou troublait les avantages de leur société ; et que si après être parvenus à s'entendre et à convenir de ne pas se faire de mal ils rompaient leurs engagemens, toute sécurité s'évanouissait, tout bonheur était anéanti : tout comme ils n'ont pu exister sans sentir qu'ils se brûlaient dans le feu et se mouillaient dans l'eau. Dans tous les genres il est des vérités si frappantes que nul n'a pu les méconnaître. Mais qu'est-ce que cela prouve ? en a-t-on moins différé sur leurs conséquences les plus importantes, dès que leur liaison est devenue assez fine pour que tous les esprits ne pussent pas l'appercevoir ? et la morale a-t-elle été plus exempte de cet inconvénient que les autres sciences ? C'est ce qu'on ne saurait soutenir. Assurément l'erreur de morale qui consiste à penser que tous nos vices viennent du droit de propriété, ou que si l'ame meurt avec le corps nous n'avons aucun intérêt à être honnêtes gens, est absolument du même genre que l'erreur de physique, qui consiste à croire que la terre est immobile, ou que l'air n'est pas pesant. C'est de part et d'autre ne pas connaître la cause des effets apparents, et ne pas suivre la chaîne des phénomenes.

Bannissons donc cet antique préjugé qui n'est qu'une branche de celui qui supposait toutes nos idées innées, c'est-à-dire nos perceptions existantes avant que nous les ayions perçues, et reconnaissons que la morale est une science que nous composons comme toutes les autres des résultats de nos expériences et de nos réflexions. Ses premieres notions, les plus simples sont évidentes par elles-mêmes. Tout le monde les reconnaît. Mais celles d'un ordre plus relevé ne frappent pas également tous les esprits : et à mesure qu'elles se compliquent, s'étendent et portent sur des rapports plus multipliés, elles surpassent la portée d'un plus grand nombre d'hommes,

Vous ne feriez pas plus comprendre à un sauvage la délicatesse de nos sentimens moraux, ou l'enchaînement de nos devoirs sociaux, que les connaissances les plus savantes de la physique : et bien des hommes, soi-disant civilisés, sont aussi incapables de l'un que de l'autre. J'irai plus loin. La morale n'étant que la connaissance des effets de nos penchans et de nos sentimens sur notre bonheur, elle n'est qu'une application de la science de la génération de ces sentimens et des idées dont ils dérivent. Ses progrès ne sauraient donc devancer ceux de la métaphysique ; et celle-ci, comme la raison et l'expérience le prouvent (1), est toujours subordonnée à l'état de la physique dont elle n'est qu'une partie. Il s'ensuit donc que de toutes les sciences la morale est toujours la derniere qui se perfectionne, toujours la moins avancée, toujours celle sur laquelle les opinions doivent être le plus partagées. Aussi, si nous y prenons garde, nos principes moraux sont si loin d'être uniformes qu'il y a à cet égard autant de manieres de voir et de sentir, que d'individus ;

---

(1) La raison de cette dépendance ne frappe pas d'abord. Car il n'est pas nécessaire d'avoir de grandes connaissances physiques pour bien observer la maniere dont se forment nos idées, et les découvertes les plus admirables en physique sont encore très-insuffisantes pour nous dévoiler les causes de cette génération des idées. Il semblerait donc que ces deux sciences étant séparées par des ténebres impénétrables, sont indépendantes l'une de l'autre. Cependant comme l'esprit humain toujours impatient de lier ses idées, comme l'observe Smith, est d'autant plus téméraire en explications qu'il est moins riche en faits capables de les contredire, il

que c'est cette diversité qui constitue celle des caracteres; et que sans que nous nous en appercevions, chaque homme a son systême de morale qui lui est propre, ou plutôt un amas confus d'idées sans suite, qui ne mérite gueres le nom de systême, mais qui lui en tient lieu.

D'après cet exposé, il semblerait que tout ce que l'on peut faire pour rendre toutes ces opinions plus concordantes et plus justes, pour fonder une morale plus saine et plus certaine, se reduirait à en multiplier et à en perfectionner, le plus possible, l'enseignement direct. Cependant je suis bien éloigné d'en tirer cette conclusion. J'observerai. 1°. que sur la masse totale d'un peuple, très-peu d'hommes ont le tems et la volonté de suivre un long cours d'instruction. 2°. Il en est encore moins qui aient la capacité de saisir et de retenir un vaste systême d'idées bien liées. 3°. Heureusement dans la société il n'y a gueres que le législateur qui soit obligé de posséder toutes les parties de la morale suivant un ordre si méthodique et par des déductions si rigoureuses;

---

arrive que la manie des hypotheses domine la physique dans les tems d'ignorance, et subjugue encore plus la métaphysique comme encore moins connue. De-là sont nées toutes les suppositions gratuites des spiritualistes et tous les rêves de la philosophie platonicienne qui brouillent encore beaucoup de têtes en les transportant au-delà des bornes du connu, pour les faire errer jusqu'aux limites du possible. Et ces rêves disparaissent graduellement à mesure que les progrès de la physique augmentant la masse de ce qui est connu, nous donnent le courage de consentir à ignorer ce qui est au-delà, et nous dégoûtent de chercher à le deviner.

tous les autres citoyens n'ont besoin d'en connaître que quelques résultats principaux et d'une importance majeure, à-peu-piés comme les artisans pour exercer leur art se contentent de quelques regles éprouvées, et se passent très-bien d'approfondir les savantes théories sur lesquelles elles sont fondées. 4°. J'ajouterai que de toutes les vérités que nous connaissons, celles que nous savons toujours le moins bien, sont celles qui nous ont été enseignées directement; mais celles que nous avons déduites nous-mêmes de l'observation de ce qui nous entoure, celles qui nous sont rappellées journellement par l'expérience de tous les instans, ce sont celles-là que nous possédons réellement, qui se mêlent à toutes nos combinaisons et qui influent sur toutes nos actions (1). Enfin, il ne faut pas oublier que l'homme n'a que trois especes de besoins à satisfaire: ses besoins physiques, le besoin de se concilier la bienveillance de ses semblables, et celui de se concilier la sienne propre, de se sentir aimé de lui-même, content de lui. Il n'a que trois choses à éviter pour être heureux : la punition, le blâme et le remords. Il n'a donc que trois motifs pour conformer ses actions aux préceptes de la morale lorsqu'il les connaît, pour se conduire de la maniere la plus vertueuse, c'est-à-dire la plus utile à ses semblables. Or, de ces trois motifs le dernier est le seul que l'enseignement direct puisse accroître et fortifier. Les deux premiers, qui sont incomparable-

---

(1) C'est ce qui faisait dire à une femme d'esprit, *la raison éclaire, mais ne conduit pas;* ajoutez quand ses décisions ne sont pas passées en habitude.

ment plus puissans sur la presque totalité des hommes, peuvent être, ou favorisés, ou annullés, ou même rendus énergiquement contraires par toutes les institutions sociales, suivant qu'elles sont bonnes, imparfaites, ou mauvaises. On voit donc que l'enseignement direct, même le meilleur, ne peut produire d'autre effet que de faire entrer dans un petit nombre de têtes les vérités abstraites de la saine morale, et que par conséquent, bien loin d'en être l'unique ou le principal appui, son utilité se borne à accélérer le succès des recherches dans ce genre, et à perfectionner la théorie de cette science, mais ne saurait aller jusqu'à en répandre et en propager la pratique. L'enseignement donné aux hommes faits formera dans un pays quelques moralistes spéculatifs plus éclairés ; mais ce ne sera jamais lui qui rendra immédiatement le gros de la nation plus vertueux.

Les législateurs et les gouvernans, voilà les vrais précepteurs de la masse du genre humain, les seuls dont les leçons aient de l'efficacité. L'instruction morale sur-tout, on ne saurait trop le répéter, est toute entiere dans les actes de législation et d'administration. Nous avons déja vu combien est grand leur pouvoir pour augmenter ou diminuer le nombre des occasions que les hommes ont de se nuire, et pour punir et réprimer les actions repréhensibles ; montrons par quelques exemples qu'il n'est pas moindre pour étouffer les germes des inclinations vicieuses (1).

---

(1) On ne doit pas être surpris de trouver rappellées ici des institutions déja mentionnées dans les chapitres précé-

Un moraliste démontrera bien à ses auditeurs, ou à ses lecteurs, que s'ils font d'un vil intérêt pécuniaire la bâse de leur conduite dans le sein de leur famille, ils se privent d'un bonheur intérieur qui leur aurait procuré mille fois plus de douceurs que les richesses qu'ils ambitionnent. Le législateur qui établit l'égalité des partages et l'impossibilité de tester, anéantit d'un trait de plume jusqu'au germe de tout sentiment de rivalité entre les proches, et rend les soins de l'amitié inaccessibles même au soupçon d'être intéressés.

On prouvera aisément qu'un homme, pour être heureux, doit tâcher d'avoir une compagne qui lui convienne et des enfans qui lui ressemblent : mais la seule loi du divorce anéantit les trois quarts des mariages d'intérêt, maintient l'union dans les autres par la possibilité de les rompre, et améliore toutes les éducations par la bonne intelligence des parens.

Un pauvre professeur répétera tous les jours qu'il ne faut se décider que d'après sa raison, qu'elle est le seul guide de l'homme, qu'elle seule suffit à lui faire connaître qu'il a un véritable intérêt à être juste; il profitera peu. Le législateur cessera de payer aucuns prêtres, et de leur permettre de se mêler en rien des actes civils et de l'enseignement : au bout de dix ans, tout le monde pensera comme le professeur, sans qu'il ait dit un mot.

Un autre s'efforcera de faire voir que les vertus et

---

dens ; car réprimer le crime, en diminuer les occasions, et combattre les inclinations vicieuses, sont des effets qui souvent se confondent. C'est souvent le même considéré sous trois aspects différens.

les talens sont les seules qualités précieuses. Suivant que la loi reconnaîtra ou proscrira l'égalité des conditions, l'opinion générale sera pour ou contre lui.

En vain montrerait-il que les succès dans les sciences sont le moyen le plus méritoire de servir sa patrie, si l'on voit qu'un fripon adroit acquiert en un an plus de considération et de crédit qu'un grand homme par de longs travaux.

Il est bien aisé de démontrer qu'un homme qui se procure une subsistance aisée par une industrie honnête et utile à son pays, goûte plus de satisfaction intérieure que celui qui vit par de honteuses supercheries, ou languit dans l'oisiveté. Cependant si mille chemins sont ouverts pour s'enrichir par la rapine et la fraude, ou recevoir de l'État de grands bienfaits sans les avoir mérités, tous s'y précipiteront; tandis que si tous les moyens de fortune trop rapides sont prévenus par une administration économe des biens de l'État, par une grande sûreté et une grande facilité à prêter qui fait baisser le prix de l'argent, par une grande liberté à exercer tous les genres d'industrie, liberté dans laquelle je comprends celle d'importation et d'exportation, qui diminue les bénéfices par la concurrence; si enfin la dispersion prompte des fortunes acquises est favorisée par l'égalité des partages et l'impossibilité de tester, vous verrez bientôt tout le monde se livrer à des travaux utiles, et prendre les mœurs d'une vie active et d'une existence modeste.

Vous aurez beau prêcher la fidélité à l'amitié et le respect dû à l'innocence, la loi n'a qu'à favoriser les dénonciations et admettre les confiscations, vous verrez se multiplier les trahisons et les condamnations injustes.

La seule multiplicité des séquestres fera plus d'administrateurs devenir coquins, et plus de coquins devenir administrateurs, que toutes les leçons du monde n'en pourront retenir.

Il suffira d'une trop grande quantité de ventes et d'achats à opérer subitement par les fonctionnaires publics pour en transformer les trois quarts en spéculateurs sur les pots-de-vin et sur la violation de leurs devoirs, en dépit de tous les sermons philosophiques ou religieux, et, ce qui est bien plus fort, malgré toute la surveillance de la loi elle-même. Pour celle de l'opinion publique, le grand nombre des coupables la rendra bientôt nulle.

Il est inutile de multiplier davantage ces citations. J'en ai accumulé un si grand nombre, bien moins pour prouver une vérité si claire, que pour donner des exemples des dispositions que je regarde comme ayant le plus d'influence sur la moralité des hommes.

Fondé sur ces réflexions et sur toutes celles qu'elles suggerent, si j'étais appellé à répondre à cette immense question : Quels sont les moyens de donner aux hommes faits une bonne éducation morale? Je dirais sans hésiter, avec le sentiment profond de la certitude la plus entiere :

D'abord et avant tout, *l'exécution complette, rapide et inévitable des lois répressives.*

Sans ce point, nulle digue possible au torrent des vices.

J'y en joindrais tout de suite un autre aussi indispensable : *Une balance exacte entre les recettes et les dépenses de l'État.*

Tant qu'elle n'existe pas, nul ordre n'est possible dans la société. Mille chemins honteux conduisent rapidement à la fortune. Les professions honnêtes ne peuvent soutenir cette lutte inégale. Tout le monde est mécontent de sa position. Tous les hommes sont déplacés. Tous les rapports sont confondus. La masse de la nation est appauvrie et vexée, par conséquent abrutie et avilie. Les dépenses même qu'on peut faire pour son bien sont un mal de plus, parce qu'elles augmentent la ruine. Et pour comble de désolation, la loi autorise et protege souvent des choses que la probité réprouve. Si je n'avais considéré que la filiation des maux, j'aurais dû mettre cet article avant celui des lois repressives; car c'est le désordre des finances qui engendre l'impuissance de la justice.

Après ces deux points capitaux, d'une importance à laquelle nul autre n'est comparable, je demanderai, 1°. la proclamation de l'égalité, la destruction de tout corps privilégié, de tout pouvoir héréditaire, et l'exclusion des prêtres de tout salaire et de toute fonction publique, y compris celle d'enseigner la morale.

C'est le seul moyen de former le bon sens national; et le bon sens fait la vertu. L'uniformité des lois, des coutumes, de l'administration, des usages, des poids et des mesures sera une conséquence nécessaire et heureuse de ces dispositions.

2°. Tout de suite après vient le divorce, l'égalité des partages, la prohibition presque entiere de la liberté de tester.

Ce sont les bâses éternelles des vertus domestiques, de la paix des familles et de la bonne éducation des enfans : et de plus, elles favorisent la dispersion des richesses accumulées, et anéantissent plusieurs moyens d'en acquérir promptement sans industrie louable. Cette considération n'est pas à dédaigner.

3°. Je demande encore la liberté entiere et absolue d'exercer tous les genres d'industrie, celle du commerce intérieur et extérieur sans gênes, ni restrictions aucunes, et celle du prêt à intérêt avec toutes les facilités et toute la sûreté que peut lui donner une bonne législation des hypotheques.

Ces dispositions ne sont pas seulement précieuses comme le complément de la liberté individuelle, et comme autant d'hommages rendus aux droits naturels de l'homme : mais elles ont l'effet d'augmenter l'aisance et les jouissances, de tourner tous les esprits vers l'industrie honnête, et de faire que la concurrence empêche les profits excessifs. Elles achevent d'ôter jusqu'à la possibilité des fortunes désordonnées et subites. J'y ajouterai bien le vœu que jamais l'État n'augmente l'intérêt de l'argent et le nombre des rentiers oisifs en faisant des emprunts ; mais c'est une conséquence nécessaire du bon ordre des finances sans lequel rien de ceci n'est possible.

Ce petit nombre de souhaits accompli, le crime est puni, la raison en vigueur, le bonheur domestique assuré, l'égalité maintenue autant qu'elle est possible et utile, l'économie rendue nécessaire et le travail honorable. J'ai peine à imaginer ce qu'on peut desirer de plus pour conduire les hommes à la vertu ; et je n'ai pas encore dit un mot de l'instruction publique proprement dite.

Tout ce que l'on peut dire de plus fort en sa faveur, c'est qu'elle est nécessaire pour que tant de biens soient opérés. Néanmoins, après avoir indiqué si rapidement des objets d'une efficacité si prodigieuse, j'ai quelque honte de m'arrêter à l'utilité faible et éloignée que la morale des hommes faits peut retirer de quelques leçons directes données dans des écoles et des fêtes publiques. Il me semble que c'est négliger l'artillerie d'une armée pour s'occuper de sa musique. Il est bon cependant de parler de ces établissemens, ne fût-ce que pour montrer, quelque dégré d'importance qu'on y attache, que leur succès, leur existence même est entierement subordonnée aux institutions dont j'ai tracé l'esquisse.

D'abord, quand le désordre est dans les finances d'un État, quand le nécessaire manque, quand les engagemens publics ne sont pas remplis, je ne connais rien d'utile, ni d'honnête à faire, dès qu'il en coûte un *écu*. Ensuite ce ne sont pas, comme l'on sait, les leçons données, mais les leçons reçues qui profitent. Quand vous prodigueriez les professeurs, les prédicateurs, les cahiers de leçons, les catéchismes de morale, donneriez-vous l'inclination? donneriez-vous le loisir? donneriez-vous l'intérêt d'écouter les uns et d'étudier les autres? n'est-ce pas uniquement de toutes les circonstances dont j'ai parlé que les citoyens peuvent tenir ces dispositions, sans lesquelles toute instruction directe est au moins inutile?

Supposez une nation agitée par les passions les plus vives, bouleversée par les mouvemens les plus violens, où les hommes avides soient sans frein, où presque tout le monde soit dans la gêne, où toutes les fortunes soient élevées ou détruites d'hier, où nulle existence ne soit assurée, nulle réputation intacte, et où personne n'habite son domicile ordinaire; et faites-vous une idée, si vous le pouvez, de sa profonde indifférence pour vos écoles et vos fêtes, et de leur complette inutilité.

Supposez au contraire un peuple dans les circonstances que j'ai décrites ci-dessus, qui l'ont rendu laborieux, modeste, sensé, heureux, jouissant de l'aisance; doutez vous que le besoin d'instruction et de plaisirs communs tarde à s'y manifester? Des fêtes publiques, il en établira. Des écoles, il en desirera. Des particuliers estimés en ouvriront; il y courra, les payera, et en profitera. Alors le trésor public dans l'aisance suppléera à une partie des frais, soit pour les cantons les plus pauvres, soit pour les genres d'enseignement les plus dispendieux. Par-tout où il serait obligé de tout payer, c'est une preuve certaine qu'il n'y aurait pas même assez d'aisance pour profiter des leçons gratuites. Ce seraient autant de dépenses perdues, et le secours le plus efficace que les gouvernans puissent donner aux gouvernés, est toujours l'argent qu'ils évitent de leur enlever.

Cependant si les lois font les citoyens, ce sont les législateurs qui font les lois : et j'ai dit que, pour les faire bonnes, il fallait qu'ils possédassent la théorie méthodique de la morale domestique et sociale. Il faut donc pour se former qu'ils aient des moyens d'acquérir cette théorie, de l'approfondir, et de la dégager des erreurs qui l'obscurcissent et des préjugés qui la voilent. Mais cela ne suffit pas encore. Je ne dois pas oublier que j'ai dit aussi, d'après la raison et l'expérience, que le progrès des sciences morales ne précede jamais et même ne suit que de loin (1) celui des sciences physiques et mathématiques, et de leurs applications aux arts qui en semblent le plus éloignés. L'art de la navigation est peut-être celui de tous (après l'imprimerie) qui a le plus contribué à l'avancement de la métaphysique, en nous faisant connaître des peuples dans tous les différens périodes de l'esprit humain. Il est donc nécessaire pour que l'idée des bonnes institutions que je desire, naisse dans la tête de quelques hommes, qu'ils aient des occasions et des moyens d'étudier toutes les parties des connaissances humaines, et d'en reculer les bornes. Heureusement il n'est pas difficile à l'État de leur procurer ces précieux secours. Il suffira de quelques écoles pour éclairer les divers services publics, et d'un petit nombre d'autres pour perfectionner les théories savantes et pour former des maîtres; et de destiner quelques sommes annuelles à encourager ceux qui se distingueront, à récompenser les hommes supérieurs, à faire imprimer des livres utiles ou curieux, mais en petit nombre; à donner des machines et des instrumens, et à payer des expériences. Ces dépenses seront modiques, si elles sont faites en connaissance de cause, et deviendront bien fruc-

(1) En veut-on une nouvelle preuve? Il n'y a presque personne qui ne sente la nécessité d'une école polytecnique pour les sciences physiques et mathématiques. A peine se trouve-t-il quelques penseurs qui s'apperçoivent qu'il serait encore plus urgent d'en avoir une pareille pour les sciences morales et politiques.

tueuses dès qu'il y aura quelques hommes capables de les rendre utiles, et d'autres disposés à en profiter.

Voilà tout ce que j'avais à dire sur l'éducation morale des hommes. Passons à celle des enfans.

§. II. *De l'Éducation morale des Enfans.*

Elle est déja faite si leurs parens ont de bonnes habitudes, et sont pour ainsi dire moulés par de sages institutions. Elle est impossible si la société est livrée aux préjugés, aux vices, au désordre. J'en appelle à l'expérience de chacun. Est ce jamais sur ce qu'il a entendu dans les classes, dans les sermons, dans les exhortations publiques, que se sont formés les sentimens et les inclinations de son enfance? n'est-ce pas bien plutôt sur ce qui l'entourait, sur ce qu'il a vu, senti, éprouvé dans tous les instans où on ne s'occupait pas de l'endoctriner? Si les peres sont imbus de mauvais principes, ou les maitres les partageront, ce qui est le plus vraisemblable, et ils leur prêteront une nouvelle force : ou ils les combattront, et alors ils ne seront ni écoutés, ni crus, ni suivis; mais complettement inutiles. J'ai donc eu raison d'avancer que l'éducation morale des enfans ne pouvait jamais être que la conséquence de celle des hommes. Et quelle qu'elle soit elle sera bientôt réformée ou détruite par les circonstances qui les environneront et les institutions qui peseront sur eux à l'âge où ils prendront leur rang dans la société. D'ailleurs on peut bien dépraver par mille sottises le bon sens naturel d'un enfant; mais il est physiquement impossible de donner aucun vrai principe de conduite autre que l'habitude à qui n'a encore l'expérience d'aucune passion, ni d'aucun événement.

Indépendamment de ces considérations qui sont particulieres à l'enseignement moral des enfans, toutes les réflexions que j'ai faites sur l'éducation des hommes s'appliquent à toutes les autres parties de l'instruction des enfans. Voulez-vous accroître leurs connaissances? Ce n'est pas seulement une profusion de leçons qu'il faut leur offrir, mais donner à leurs parens la disposition, le moyen et l'intérêt de les en faire profiter. Cela est vrai, sur-tout des classes les moins aisées, c'est-à-dire de celles qui composent les neuf dixiemes de la société. Le moindre dégrevement d'impôts augmentera plus le nombre des hommes sachant lire et écrire, qu'une légion de maîtres d'école. Un dégré de plus d'aisance dans les cultivateurs accroîtra plus les produits de la terre et le bon sens national, que toutes les sociétés d'agriculture et tous les professeurs de logique de l'Europe ne pourraient le faire. Ce n'est pas que je ne sente tout le prix des recherches des compagnies savantes et des travaux des sociétés d'enseignement. J'ai fait ma profession de foi sur ce point, et j'ai dit ci-dessus ce que je crois utile à faire en ce genre. Mais je regarde ces estimables établissemens eux-mêmes comme des conséquences nécessaires du bon ordre social, et comme infructueux sans lui pour créer la morale publique. Quand je compare leur pouvoir à cet égard à celui des institutions politiques, j'y trouve la même proportion qu'entre les forces de l'art et celles de la nature. Celles-là ne peuvent rien contre celles-ci, et ne sauraient les modifier qu'en les faisant servir elles-mêmes à leurs desseins. Je suis sur-tout pénétré d'un principe, c'est que quand il est question d'agir sur des êtres animés, rien de ce qu'on veut opérer directement ne réussit. *Disposez les circonstances favorables, et ce que vous desirez arrive sans que vous ayez l'air de vous en mêler.* Je pense que ce n'est qu'ainsi que peut s'effectuer le projet de rendre les hommes raisonnables et vertueux.

Voulant traiter sommairement des moyens de fonder la morale chez un peuple, j'ai dû me borner à indiquer les principaux. Je crois sur-tout avoir rempli mon but en assignant le dégré d'importance qu'ils me paraissent avoir.

SUPPLÉMENT.

JE ne puis me refuser, en finissant, à faire une courte application des principes que je viens d'exposer aux événemens dont nous sommes témoins. Les principes doivent être tirés des faits ; et s'ils en sont bien déduits, ils doivent à leur tour réussir à expliquer les faits eux-mêmes.

Personne malheureusement ne peut nier que depuis quelques années, en France, les crimes sont plus nombreux, les passions plus exaspérées, les malheurs particuliers plus multipliés ; en un mot, que le désordre de la société est plus grand qu'auparavant. Les meilleurs citoyens sont ceux qui en sont le plus affligés.

Quelle est la cause de cette triste vérité ? Tous les gens irréfléchis, et c'est le grand nombre, vous répondent que la révolution a *démoralisé* la nation française : et ils croient avoir rendu raison de tout. Mais qu'entendent-ils par ce mot ? veulent-ils dire que parmi nous la somme du mal moral est augmentée ? Alors ils ne font que répéter en d'autres termes ce que nous venons de dire ; ils énoncent simplement le fait, et n'en indiquent pas la cause.

Veulent ils insinuer que le changement de gouvernement a rendu nos mœurs plus dépravées, nos sentimens plus pervers ? Alors ils oublient que les mœurs et les sentimens des hommes ne changent point ainsi du jour au lendemain, ni même en un petit nombre d'années. Il est constant, au contraire, que le tems présent est toujours, pour ainsi dire, le disciple du tems antérieur, et que nous sommes mus aujourd'hui par les habitudes, les passions et les idées contractées ou acquises sous l'ancien ordre social. Si telles étaient les causes de nos maux actuels, il faudrait sans hésiter les attribuer tous à cet ancien régime si follement regretté. Mais soyons toujours justes. Ce serait outrer les reproches qui lui sont dûs, puisque tant qu'il a subsisté, ces habitudes, ces passions et ces idées n'entraînaient pas toutes les mêmes conséquences.

Enfin, l'espece d'oracle dont je cherche à pénétrer le sens signifie-t-il que les principes sur lesquels repose le nouvel ordre social sont destructifs de la morale ? Cette prétention serait insoutenable : car ce qui caractérise particulierement le nouveau systême, et le distingue spécialement de l'ancien, c'est de professer plus de respect pour les droits naturels et originaires des hommes que pour les usurpations postérieures, de consulter les intérêts du grand nombre plus que ceux du petit, de préférer les qualités personnelles aux avantages du hasard, de mettre la raison au-dessus des préjugés et des habitudes, de soumettre toutes les opinions à son examen, et d'obéir à ses décisions plutôt qu'aux autorités et aux exemples. Assurément on ne peut nier que l'adoption de chacune de ces idées ne soit un pas vers la justice. Aussi les plus violens adversaires de ce systême ne l'ont jamais attaqué dans ses bâses. Tous, en le déclarant impraticable, sont convenus que c'était une sublime théorie. Ce ne sont donc pas ses principes qui sont opposés à la saine morale. Au contraire. Cependant par quelle fatalité la somme du mal moral est-elle encore plus grande sous le regne des vérités que sous celui des erreurs? *C'est que les troubles intérieurs et extérieurs qui ont accompagné cette grande et subite réformation, ont encore accru les besoins de l'État, et par conséquent les désordres de l'administration, et ont diminué l'action des lois répressives dans le moment où elles étaient le plus nécessaire.* Avec ces deux circonstances, la pratique de la morale s'est détériorée, quoique sa théorie se perfectionnât. Rien ne prouve mieux la prodigieuse importance que j'ai donnée à ces deux grandes causes.

Ajoutons, pour notre consolation, que si le mal moral est augmenté, il ne peut être que momentané. N'étant pas une conséquence de nos institutions politiques, étant même contraire à leur esprit, il ne peut subsister long-tems avec elles. Il faut qu'il les renverse, ou qu'elles le subjuguent. Et puisqu'elles ont pu naître, elles doivent avoir de profondes racines. Le mal est toujours le mal; mais il est bien différent qu'il soit l'effet de l'ordre établi, ou de la difficulté de son établissement. C'est, ce me semble, ce que l'on n'a pas assez distingué, soit qu'on ne l'ait pas voulu, ou qu'on ne l'ait pas su.

www.ingramcontent.com/pod-product-compliance
Ingram Content Group UK Ltd.
Pitfield, Milton Keynes, MK11 3LW, UK
UKHW032021260826
14628UKWH00006B/2642

9 782019 677008